고정현 제5시집

살아 보니 삶이더라

고정현 제5시집

살아 보니 삶이더라

초판인쇄 2025년 4월 3일
초판발행 2025년 4월 10일

지은이_ 고정현
발행인_ 이현자
발행처_ 도서출판 현자

등　록_ 제 2-1884호 (1994.12.26)
주　소_ 서울시 중구 수표로 50-1(을지로3가, 4층)
전　화_ (02) 2278-4239
팩　스_ (02) 2278-4286
E-mail_ 001hyunja@hanmail.net

값 12,000원

2025 ⓒ 고정현 Printed in KOREA

무단으로 내용의 일부를 인용하거나 복사, 발췌를 금합니다.

ISBN 978-89-94820-05-7　03810

고정현 제5시집

살아 보니 삶이더라

도서출판 현자

시인의 말

길과 글

  시를 쓰면서 늘 놀랍고 신기하다고 느끼는 것은 한글의 아름다움과 그 글이 주는 의미의 방대함이었습니다. 필자의 네 번째 시집의 제목 『기역과 리을 사이』도 그러하듯 'ㄱ'과 'ㄹ'의 모음 'ㅣ'에 있는 'ㅣ'를 세우면 길이 되고 눕히면 글이 되는 그 신기한 한글 조합의 경험은 나에게 또 다른 한글의 우수성을 찾는 데 관심을 갖게 하였습니다.

  이번 시집의 제목도 그러합니다. 삶이라는 것이 무엇일까? 혹자는 '삶이란 정답이 없다'고 하는데, 결국 살아 보니 깨닫게 되는 것이 삶입니다. 살아 있으므로 '살아 버리는', '살아가는', '살아 내는', 나름이 주는 의미에서 느끼는 삶인 것입니다.

  '삶'이라는 글에서 '살이'라는 의미와 삶는다는 의미를 만나면서 같은 음의 글에서 다른 의미를 만나고 다시 그 다른 의미가 같은 의미로 이해하도록 하고 있다는 것은, 우리의 글인 한글을 존중하기에 부족함이 없었습니다.

  더하여 '삶는다'는 것은 음식의 조리 방법 중 하나인데, 다른 조리 방법(찌다, 굽다, 튀기다 등)은 외부의 재료들을 받아들이

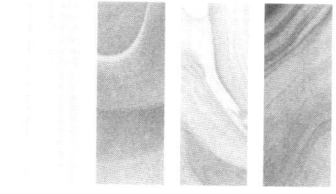

는 것으로 끝나는데 반하여 '삶는 것'은 자신을 내어주고 외부의 재료들을 받아들여 음식이 되게 하는 조리 방법입니다. 우리의 '살이'를 잘 익히는 가장 좋은 조리 방법이 '삶는 것'이라고 깨달았습니다.

이제 칠순을 바라보며 감사하게도 다섯 권의 시집과 한 권의 소설, 그리고 단상집과 10여 편의 가곡 작사를 발표한 삶의 흔적들을 통해 인생을 삶아온 '살이'를 되돌아봅니다. 삶아야 그곳에서 우러나오는 진액들의 구수함, 삶아야 부드러워지고 포용력이 넓어지며 누구나 가까이 대할 수 있는 존재가 되는 삶, 그렇게 살아왔는지를 돌아보고 앞으로의 남은 삶도 그렇게 살아야겠다는 다짐을 해보려 합니다.

함께 문학을 하는 글벗들, 나를 이해하고 도와주는 가족과 모든 분들에게 깊은 감사를 드리는 것은, 언제나 나에게 글과 함께 하도록 하는 힘의 원천이 되어주고 있기 때문임을 고백하면서, 여기 또 한 권의 시집을 모든 분들 앞에 내어놓습니다.

2025년 4월

차례

시인의 말 …4

1부_ 살아 보니 삶

살아 보니 삶이더라 …12
삶을 삶다 …13
잘 익은 삶 …14
삶을 삼키며 …15
숨 쉼 …16
그런 시절 있었답니다 -놀이 …17
그런 시절 있었답니다 -가난 …18
그런 시절 있었답니다 -먹거리 …20
그런 시절 있었답니다 -겨울 …21
세월이네 …22
가는 세월 …23
십 리 대숲 -대나무 …24
십 리 대숲 -허물 …25
업히다 …26
무게 줄이기 …27
나잇값 …28
낙엽 …29
시간을 …30
삶은 속는 것 …31
덤 …32
겨울 정리 …33
가난한 행복 …34
물 흐르듯 …35
섬진강 …36
숲을 거닐다 …37

2부_ 먹어 보니 맛

그릇의 자존감 …40
뼈다귀 탕 …41
올챙이 국수 …42
낙지 탕탕이 …43
죽방멸치 …44
짱뚱어 탕 …45
수구레 국밥 …46
문어를 먹다가 …47
임대 아파트의 어느 母子 …48
시장 중국집 …49
부탁 한 번 하세 …50
그대 라면 나는 계란 …51
그 사람의 저녁 식사 …52
제천에서 …54
칼국수를 먹다 …55
편의점에서 …56
생일 …57
노숙자 …58
어느 저녁 …59
그 골짜기에 …60
시인의 국밥집 …61
그 맛 …62
서글픈 지갑 …63
늙은 호박 …64
어머니의 음식 …65

차례

3부_ 돌아보니 삶

남은 세월을 …68
물의 삶 …70
톱니바퀴처럼 …71
다행이다 …72
산다는 것 …73
산길을 걸을 때 …74
의자 …75
버림받은 낙엽 …76
분재 …77
그늘 …78
벌써 이만큼 …79
개미들의 아우성 …80
무력감(無力感) …81
또 …82
밖에 갇히다 …83
허약한 꿈 …84
나침판 …85

오천 원의 행복 …86
세월 먹는 안개 …87
껄 …88
고물상 …89
낙엽의 유언 …90
날고 싶은 시간 …91
패배 …92
맞춤 …93

4부_ 걸어 보니 길

여행이란 ...96
파독 전시관 ...97
5.18 민주묘역에서 ...98
어달리에서 ...99
천안역에서 ...100
빈집 ...101
천사대교 ...102
조치원역 ...103
폐업 ...104
머슴들 ...105
거미에게 ...106
거미의 집 ...107
녹슨 배려 ...108
비 오는 날 ...109
부모 ...110
소금꽃 ...111
벌써 ...112

감천문화마을 ...113
시계 ...114
시간의 노예 ...115
때 ...116
여름 바다 풍경 ...117
폭염(暴炎) ...118
균형(均衡) ...119

1부

살아 보니 삶

나만의 길에 서서
나의 삶을 가꾸어 가는 것
그것이
삶인 것을 깨닫기에
추억이라는 말은
후회의 다른 표현일 뿐입니다

- 〈살아 보니 삶이더라〉 3연

살아 보니 삶이더라

'너도 내 나이 되어 봐라'
이제 그 나이 되고 보니
몸이 스스로 알게 되는
습관 되어 버린 삶입니다

타인의 경험은 훈수일 뿐
비슷하나 동일하지 않으며
몸이 겪으면서 알게 되므로
삶이란 결국
스스로 살아가는 길에서
몸이 깨닫는 것입니다

나만의 길에 서서
나의 삶을 가꾸어 가는 것
그것이
삶인 것을 깨닫기에
추억이라는 말은
후회의 다른 표현일 뿐입니다

삶을 삶다

나는, 오늘도
삶을 익히기 위해
삶아가는 길 위에 선다

오늘 하루 일정의
환경과 상황을 살펴보고
경험과 관계를 계량하여
시간의 솥에 넣어 섞고
적응의 물을 부어
진솔함으로 삶기 시작한다

푹 익은 삶의 모습
누군가 나를 보며
참 맛있게 살았다 말하면
그것으로 족하게 여길 삶
맛있는 삶을 위하여
오늘도 삶을 삶으려 한다

잘 익은 삶

잘 익은 삶의 장점은
남녀노소 구별하지 않고
누구라도 가까이할 수 있는
부드러움이 있는 것입니다

상대에 따라서
대화의 내용과 자세에
인격의 조미료를 첨가합니다

삶을 굽지 않는 이유는
식으면 뻣뻣해지기 때문이며
삶을 찌지 않는 이유는
식으면 눅눅해지기 때문입니다

삶은 삶아서 부드러워야 합니다
누구라도
편하게 다가설 수 있는
여유로움으로 익어야 합니다

삶을 삼키며

허술하거나
틈을 보이지 않는 환경이
목울대를 지나며
어깨와 등을 얼얼하게 하지만
뱉어낼 수 없기에
꿀꺽 삼키고 또 삼킨다

싸리 회초리 맞은 것처럼
드러나는 삶의 흔적들
추억으로 삼으려니, 차마
살아온 날들에게 미안해서
그저,
기억 깊은 곳에 넣어둔다

숨 쉼

숨은 쉼을 위한 것이기에
어린아이의 숨같이
평화로운 숨을 쉬고 싶은데

생존의 환경을 딛고
오늘을 살아가는 존재로서
쉼을 얻지 못한 채
헐떡거리는 숨을 쉬며 수고하니
쉼은 숨이 멎을 때 얻는 것인가

나는 오늘도
쉼을 얻기 위해 숨을 쉬지만
그 대가는
피곤한 몸을 가누기 위해
벅찬 숨 고르기를 하는 것일 뿐
언제쯤 편안한 쉼을 누릴는지
가늠하지 못하고 있다

그런 시절 있었답니다
— 놀이

재활용 센터에 모여 있는
수많은 플라스틱 놀이 기구들
어느 아이의 손에 잠시 머물러
웃음을 건네주고
멀쩡한 모습으로 버림받았을까

산과 들과 골목을 놀이터 삼아
나무와 종이와 철사로
놀잇감 만드는 시절의 아이들
스스로 생산하는 능력 있어
모두가 기능공이 되었으니

굴렁쇠 둔탁한 소리가
신작로에서 툴툴 털털 덜컹거리며
딱지가 흙먼지 일구며 퍽퍽거리고
자치기에 강아지가 놀라 달아나니
자연산 무공해 장난감으로
하루해를 보내는 아이들
그럼에도 해맑은 웃음이 넘치던
그런 시절이 있었답니다

그런 시절 있었답니다
― 가난

그리 오래되지 않았던 시절
기억의 길을 되돌아 걷다 보면
골목마다 소복하게 쌓여 있는
그런 시절 이야기를 만난답니다

보릿고개가 얼마나 험하고 높은지
헐떡거리며 오르다 눈에 뜨이는
싱아 찔레 삘기 칡뿌리 꽃잎들로
허기를 달래던 시절이 있었답니다

라면에 국수를 더 많이 넣어
푹 끓여 먹고 라면 먹었다 자랑하며
벽에 붙여 놓은 껌을 떼어 씹고
한 겨울 손발에 동상 걸려도
구슬치기 딱지치기 비석치기에 빠져
손 호호 발 동동 구르며 놀았던
그런 시절이 있었답니다

다시 돌아갈 수 없는
기억 속에 꽃이 되어준 그 시절

추억이라 하는 그 시절 생각하면
나도 모르게 웃음이 피어나는
그런 시절이 있었답니다

그런 시절 있었답니다
— 먹거리

도시 중심가의 매장들
먹거리들로 출렁거리는 골목들
찾아 먹고 골라 먹고 맘껏 먹고
버리고 버려 산을 이루는 찌꺼기

오래전 그 시절
칡뿌리 하나로 흡족하고
배추 노란 속잎 뜯어 먹으며
옥수숫대 속살을 설탕물 삼아
삶의 허리에서 떨어지지 않는
허기와 잠시 이별하지만
해 지면 등에 달라붙는 배고픔
거머리 닮은 고달픈 가난

재잘거림으로 쫓아내려 하지만
고집스럽게 곁에 있는 먹고픔
엎치락뒤치락하며 보내는 밤
내일은 어디로 길을 잡아야
허기를 잊을 수 있을는지
물로 채워 통배가 되었던
그런 시절이 있었답니다

그런 시절 있었답니다
— 겨울

등교하려고 문을 나서면
부뚜막 위에서 몸을 덥힌
복슬복슬한 털신이
어머니의 손에 이끌려
댓돌 위에 놓여 있었고

수업 마치고 집에 오면
아랫목 이불 속에 놓여 있던
감자 섞인 보리밥에
김치, 고추장, 참기름으로
비빔밥 만들어 주시던
어머니의 투박한 손길이
침을 삼키게 해 주었으며

잠자리 들 시간이 되면
문틈의 황소바람 막으려
군용 모포 한 장으로
안막 커튼 삼아 문을 가리시던
아버지의 세심한 손길이
마음까지 포근하게 해 주던
그런 시절이 있었답니다

세월이네

바람과 시간은
처음부터 부부였을까

실체가 보이지 않지만
늘 함께 손잡고 다니니
지루하지 않았을까

바람이 심통 부리는 것은
시간과 의견이 달라서일까

그들의 집 문패에는
'세월이네'라고 붙어 있을까

가는 세월

계절이 가고 있다
진갈색 옷이 바삭 깨어진 채
바람에 이리저리 뒹굴고
흥분을 드러내는 붉은 단풍은
제 분을 못 이겨 자지러지고
하늘거리며 유혹하던 은행잎은
도로를 노란색으로 뒤덮는다

계절 따라 인생도 가고 있다
검은 머리카락은 희어지며
넓은 들 같았던 등은
갈아엎은 밭고랑 닮아 간다

계절만큼 세월도 빠르게 가고
인생도 서서히 무너지고 있다

십 리 대숲
— 대나무

비운다
비워야 솟아오르며
비워야 당당하다는 것

십 리 대숲을 걸으며
어제쯤 솟은 새순과
몇 주쯤 자란 대나무가
하늘로 오르기 위해
겉옷 벗고 속살 드러내는
그 처절한 생명력을 본다

비워야 가벼우며
비워야 자유로운 것을
몸으로 보여주고 있으니
스승은 가까운 자연에 있었다

십 리 대숲
― 허물

푸르름으로
솟아난 저 용기를 본다

짙은 갈색 허물 벗으니
드러나는 청색의 당당함
그렇다
무엇이라도
그 허물을 벗어야 한다

뱀도 그 허물을 벗고
애벌레도 그 허물을 벗어야
자신이 살 수 있음을 안다

허물을 벗지 못함은
비루함을 드러내는 것이니
성장은
자신의 허물을 벗으므로
이루어지는 과정이다

업히다

나이가 많아진다는 것은
새롭다에 대한 기대보다
염려라는 무게를
어깨에 얹는 것입니다

적응이란 말이
숙제가 되어버리고
기대라는 것은
불안의 뒤에 서 있습니다

그런 아비를 등에 업는 아들은
자신이
아비를 업을 차례라 합니다

아들만 믿으세요 하는 말에
내 나이의 무게를 슬며시
아들의 어깨에 얹었습니다

무게 줄이기

잠시 걸음 멈추고
뒤를 돌아본다

아득히 보이는 출발점에서
여기까지 먼 길 오는 동안
뒤뚱뒤뚱 걷다가 넘어지고
허겁지겁 걷다가
종아리에 쥐가 나기도 했지
헐레벌떡 걷다가
주춤거리며 한숨도 쉬고
갈팡질팡하다가
주저앉아 울기도 했는데

지금부터 업혀 가는 길은
포근하고 아늑해 보이지만
자식에게 무거운 짐 될까 싶어
무게 줄이기를 시작한다

나잇값

식욕이 조금씩 손사래 치며
한 걸음 뒤로 물러섭니다

단잠도 그 끝을 말아 올리고
과거로 가는 길은 넓어지는데
작은 근심들은
길목마다 높이 쌓여 갑니다

뒷동산이 언제 그리 높아졌으며
옆 동네가 언제 저리 멀어졌는지
한숨이 잔기침 되어 흩어집니다

눈앞에 가물거리는 사연들은
촘촘하게 바느질되어 엮이고
몸이 먼저 알아차리는 것은
천천히 느리게라는 말이었습니다

내 마음은 어느새
색 바래버린 동화책이 되었습니다

낙엽

<u>스스로</u>
허물어뜨리는 시간이다

가을이 오면
겨울이 오기 전에
연녹색 새순을 위하여
자리를 비워준다

청춘의 골수를 내어주고
작아지는 안타까움과
약해지는 자신감을
조금씩 감내하면서
갈색 헛기침으로
존재를 드러내시던
아버지의 초상화

가을이 내 곁에 오고 있다

시간을

시간을
떡 주무르는 것처럼
만지작거리다가
떡 먹듯이
우악스럽게 먹기도 하고
동치미 국물 마시듯
단숨에 들이키기도 했지만
돌아보니
떡 먹다 체한 것 같은
아쉬움과 후회만 남는다

삶은 속는 것

저 구비 지나면
파랑새 있을 것이니
조금 더 참고 걸으면
좋은 날 만날 것이라고
삶은 늘 속삭이지만
숨 돌리기 전
드러나는 또 다른 구비

그 구비 지나면
파랑새 있을 것이며
그것이 희망이라 말하지만
내가 삶을 견디는 방법은
자위自慰와 자족自足으로
나를 토닥여 주는 것이다

덤

무게를 달아본 후
한 줌 더 집어넣으며
덤이요 하고 웃음 띠우는
시장 좌판 여인의 모습
그것조차
계산되어 있는 것을 알지만
괜스레 즐거워지는 마음인데

계량되지 못한 것 하나
덤도 없고 예측 불가한 그것
내 삶의 날이 계량된 후에
덤으로 받을 날이 있을까

겨울 정리

입춘이 창문을 두드릴 때
봄 맞을 준비가 덜 된 거실을
분주하게 정리하기 시작한다

서두르는 손길로
주방 곁불 쬐던 목도리를
세탁기에 숨겨버리고
겨울바람 막아주던 외투는
수납장 안에 넣어버리며
몸을 감싸주던 내복은
서랍장으로 개켜 넣으니

봄이 거실로 들어서며
화분에게 손을 흔들고
춘곤증을 불러 놀이를 한다

가난한 행복

아무리 살펴보아도
빌려 달라 할 곳 없고
빌려 달라 할 용기도 없지만

라면 먹으며
고기 부러워하지 않고
어깨 펴고 걸을 수 있음과
당당한 목소리 낼 수 있음은
가난이 내게 주는 선물이니

버리고자 수고하지 않으며
비우고자 애쓰지 않고
허허롭게 사는 길에 서서
작은 즐거움으로
나만의 행복을 만들고 있다

물 흐르듯

물 흐르듯 살면 좋겠다는
이 말에 속지 마라

물 흐르듯이라는 말속에
치열한 삶의 굴곡이 어떤지
물처럼 산 사람은 안다

막히면 돌거나 넘어야 하고
때로는 새 길을 만들어야 하며
바람에 반응해 주어야 하고
겨울에는
본능을 숨기고 흘러야 했다

수초를 양육하며
고기들의 양식을 제공하고
토할 수 없는 이물질을
가슴 깊이 묻어 삭히며
낮은 곳으로 흘러야만 했다

물 흐르듯 살고 싶다 하지 말라
물처럼 산 사람만 아는 삶이다

섬진강

물처럼
내 삶이 흘러간다면
강이 될 수 있을까

깊음과 얕음에 매이지 않으며
높음과 낮음에 휘둘리지 않고
굴곡에 상처입지 않는
강이 될 수 있을까
저 강처럼 덤덤한 흐름을
소유할 수 있을까

비록 섬진강 같지 못할지라도
나는 물이 되고 싶다

숲을 거닐다

숲을 거니는데
새 한 마리 가지에 앉으며
내게 말했지

"내가 날개를 접을 때
 내 몸 무게 받쳐줄
 나뭇가지 하나면 행복하다"

2부

먹어 보니 맛

자장면 가락들이 흔들리며
입가 주름 헤집고 들어가는데
각기 다른 모양의 주름들이
움찔거릴 때마다
각자가 겪은 사연들은
세월 만만치 않았음을 말하듯
검은 자장을 입가에 묻히고 있다

-〈시장 중국집〉 2연

그릇의 자존감

예쁜 그릇 명품 그릇들이
세상에 많이 있지만
내 식탁 위에 놓인 그릇은
둔탁하고 값싼 그릇들입니다

크기와 모양에 따라
제게 담긴 것들을 드러내며
가지런하게 자리하고 있는데
어떤 음식이 담겼는가에 따라
그 위치를 달리합니다

내 손에 잡힌 수저는
침샘을 자극하며
눈길을 끄는 그릇으로
부지런히 오가곤 합니다

그릇의 아름다움은
좋은 음식이 가득할 때입니다

뼈다귀 탕

그는 뼛골 빠지게 일한 날 저녁
자신의 뼛골을 앗아가는 자에게서
적은 대가를 받아 주머니에 넣고
대거리할 용기도 없이
허약해진 뼛골을 채우기 위해
뼈다귀 탕 집으로 가서
자신보다 약한 것의 뼈 사이에
혀를 디밀어 뼛골을 빨아 삼키며
자신의 질긴 삶을 빼앗긴 것에 대한
작은 위로의 시간을 보냈는데

오늘도 그는
뼈다귀 탕 한 그릇으로
빼앗긴 뼛골에게 조문을 보내며
비어 있는 자신의 골수를 채운 후
드러나는 작은 뼈 구멍을 보며
자신의 뼈를 움키고 골수를 빨아
배를 채우는 자들에게
욕지거리 한 무더기 내뱉는 것으로
스스로 위로하며 국물을 들이킨다

올챙이 국수

내 맛 네 맛이 아닌 것도
양념 덕분에 제맛이 된다
올챙이도 아닌 것이
비슷하다고 이름 빌려 쓰니
반찬과 안주 몫을 하는
도토리묵보다 얌체이지만
허기를 달래는데 한몫을 한다

어디 올챙이 국수뿐이랴
우리 모두는
나름의 양념 때문에
제 몫을 하는 존재들인 것을

*옥수숫가루를 쪄서 채에 내린 국수.
*태어난 고향 정선에 가면 꼭 먹는 음식이다.

낙지 탕탕이

신안 증도의 작은 식당은
탕탕이를 먹는 시간 동안
인격을 예외로 해 주었다

작은 몸통 꿈질거리며
젓가락의 강력한 힘을
몸부림치며 거부하고
입천장에 달라붙으면서
생존본능을 드러내지만

나는
남해의 섬 작은 식당에서
낙지 탕탕이를 씹으며
입맛 다시는
즐거움을 누려본다

죽방멸치

남해 여행에서
죽방멸치 한 상자 사 왔다

멸치 한 종지 꺼내
꼬리를 위로 올린 녀석부터
점잖게 누워 있는 놈
옆으로 누워 있는 놈 순서로
고추장을 찍어 먹는다

문득 머리를 치켜세운 녀석
눈꼬리가 매섭게 보이는데
뼈대 있는 집안의 결기가 보여
손이 잠시 망설이는 시간

티브이에서는
해파리들끼리 모여
내로남불을 외치며 싸우고 있다
멸치보다 못한 존재들이 그렇다

짱뚱어 탕

신안 시도의 작은 다리 곁에
시골스러움으로 가득 채운
작은 식당의 짱뚱어 탕

산초 제피가루 찾는 내게
곁들인 밴댕이 젓갈만으로
궁합은 충분하다는
주인 여자의 웃음 띤 대답이
잠시 황당함을 주었으나
밴댕이 젓갈 한 점 때문에
다시 먹고 싶은 짱뚱어 탕
다시 가고 싶은 그 작은 섬

수구레 국밥

수구레 국밥을 먹는다

숙이다의 변형된 언어처럼
엎드려서의 다른 표현처럼
힘없고 가난한 백성들이
수그려서 먹은 음식이라는데

강탈당하고 무시당하고
서러움 당하는 백성들이
가죽도 고기도 아닌 것으로
소증素症을 달래려고
질긴 목숨 줄 같은 것을
눈물로 삼키며 배를 채웠던
수구레 국밥

한술 뜨는데
엄마가 보고 싶어졌어
눈대중 손대중으로 끓여 내신
장국 닮은 수구레 국밥 때문에

*소증(素症): 푸성귀만 먹어서 고기가 먹고 싶은 증세.
*수구레: 소의 가죽과 지방 사이에 있는 질긴 부위.

문어를 먹다가

문어의 자존심이
빨판에 있다는 것을
양푼에서 떼어낼 때보다
입천장에 붙을 때 알았습니다

한 번쯤 내 편 되면 안 돼
한 여자가 벌처럼 쏠 때에
자존심을 건드리면
내가 힘들어진다는 것과
부드럽게 다가오는 삶조차
소유할 수 없다는 것을
가슴 쓸며 알았습니다

이제부터
그녀의 편이 되어
부드러운 삶을
제대로 누려보려 합니다

임대 아파트의 어느 母子

저녁 찬거리 담긴 비닐봉지는
여인이 손에 축 늘어져 있고
여인의 소맷자락 붙잡은 채
종종걸음 치는 작은 아이는
송아지 입김 뿜으며 따르는데
아파트 입구 포장마차에서
붕어빵 냄새가 풍겨 나와
종종걸음 붙잡으니
아이의 작고 검은 눈동자는
뒤집어지고 엎어지며 맴도는
빵틀 따라서 맴돌고
아이의 입김이
붕어빵 냄새를 쫓는 동안
엄마의 눈총은 칼바람 되지만
잠시 후
엄마의 하루 출퇴근 교통비가
아이의 입에서 으깨어지고 있다

시장 중국집

조치원 중앙시장
좁은 골목 안에 있는
삼천 원 자장면 집에
노인 몇이 둘러앉아
자장면을 시켜 드시고 있다

자장면 가락들이 흔들리며
입가 주름 헤집고 들어가는데
각기 다른 모양의 주름들이
움찔거릴 때마다
각자가 겪은 사연들은
세월 만만치 않았음을 말하듯
검은 자장을 입가에 묻히고 있다

읍내 주름잡던 그 시절에는
자장면이 최고급 외식이었는데
주름 만들며 쌓아온 삶은
오늘, 가장 싼 자장면으로
끼니를 해결하게 하고 있다

부탁 한 번 하세

이보게
부탁 한 번 하세

우리 집 음식 먹을 때
싱겁다 짜다 달다 맵다
말하지 마시게

표정 관리 잘하시게
여인들은
음식 먹는 남자의
표정부터 살피니 말일세

나도 자네 집에서
딱 한 마디 했네
맛있게 잘 먹었습니다

다행히
어느 명문 가문처럼
전수되지 않을 것이니
그것으로 만족하려 하네

그대 라면 나는 계란

펄펄 끓는 물로
그대가 들어가시면
나도
기꺼이 뒤를 따르리이다

건조 양념과 수프가
그대의 일부가 된다면
나도 그대와 하나 되고자
그들과 어울리리이다

김치처럼 매운 세상살이
국물처럼
얼큰하고 시원한 삶을
그대와 함께 하고 싶어
그대 뒤를 따르리이다

그 사람의 저녁 식사

구질구질한 그 사람이
화려한 불빛 뒤
어두운 골목으로 들어가
음식물 쓰레기통을 뒤져
살 붙은 닭다리 하나 들고
입맛 다시며 씩 웃는다

맛있게 식사를 한 후
소매로 입을 훔치며
식후 연초를 즐기기 위해
담배꽁초 주워 물고
라이터를 꺼내니
그도 재산 하나는 있구나

어두운 골목 벗어난 그가
제 집이라며
공원 나무 의자에 있는

이불 속에 들어가 누우니
재산세 납부 불가의 집

가로등의 눈총이 싸늘하다

제천에서

친구와 제천에서
구수한 해장국을 먹으며
어릴 적을 기억해 본다

이십 리 길 종종걸음으로
시장 다녀오신 어머니는
선지보다 시래기가 좋다고
한술 가득 떠드시던
아버지의 모습을
흡족한 웃음으로 보시며
국물에 밥 말아 드셨지
기왕 시장 가셨으니
조금 더 사셨으면
어머니도 아버지와 함께
건더기를 드셨을 텐데

맛있게 한술 뜨는 벗에게서
아버지의 흡족한 웃음과
어머니의 가난한 앞치마가
어른거리고 있다

칼국수를 먹다

울컥 치솟는 화가
몸을 현관 밖으로 밀어내니
드센 겨울바람이
옷깃 여미게 한다

조치원으로 이사 온 지 보름
생소한 먹자골목 들어서니
눈에 띈 칼국수 식당
문 열고 들어서는데
혼자 식탁에 앉아
훌쩍이고 있을 아내가 보인다

칼국수 먹으러 나와
한 마디에 쪼르르 달려온 사람
그 후 아직까지
잘잘못을 가리지 못하고 있다

편의점에서

마른 목에서
꺽꺽대는 혀가 튀어나와
편의점 문을 잡아 열고
냉장 칸으로 눈을 이끈다

생소한 명찰을 달고
생소한 옷을 입은 음료들이
팔 벌려 입술을 유혹하는데
어느 나라에서 왔든지
어떤 차림이면 어떠하랴
한 번의 목축임에
신토불이 따질 것은 아닌데

조금 전 눈에 담았던
시장 좌판 할머니 무릎 앞
플라스틱병 속의 식혜가 떠올라
되돌아 시장으로 길을 잡는다

생일

촛불 끄기 전
케이크의 달콤함에 유혹 받기 전
눈을 감고 기도부터 올려
소원이 하늘에 오르게 하고

심호흡을 한 후
입술을 가지런하게 하여
경건한 자세로
조심스럽게 불을 끄면

연기가 제단의 향이 되고
케이크는 희생 제물이 되어
하늘로 오를 수 있는 무게
21그램으로 다가서는
또 한 번의 예식이 되어준다

*21그램 : 1901년 미국의 의사 던컨 맥두걸이 질량 보존의 법칙 하에 영혼의 무게를 측정한 실험에서 측정된 무게를 말한다.

노숙자

서울역 주변 그늘진 곳
빛 잃은 여인의 눈동자가
세 남자의 술판 사이에서
목표 없이 흔들리고 있다

퀭한 눈은 무릎 앞에 놓인
뜯어진 빵 봉지를 내려보며
무슨 생각을 하고 있을까

소주와 빵은
해석할 수 없는 이질감으로
신문지 위에 놓여 있는데
여자의 빵과 남자들의 소주는
그들의 하루 양식이 되었겠지

조금 떨어진 곳에서
막걸리에 취한 사내가
차도를 바라보며 노래하는
서울역 주변의 풍경이다

어느 저녁

거실을 티브이에게 맡기고
그리움이 냉장고의 음료를 꺼낼 때
보고 싶음은 컵을 찾고 있었다

그리움은 음료를 쉽게 꺼냈지만
보고 싶음은 주방을 헤매고 있는데
추위와 싸우고 있는 거실은
형광등의 도움으로
그나마 체면 유지하고 있을 뿐이다

힘들게 찾은 컵에 음료를 따르지만
음료와 컵이 어울리지 않는 묘한 이질감
그리움과 보고 싶음이 혼합되지 않는
어느 저녁,
썰렁함과 쓸쓸함이 함께 있는 시간이다

그 골짜기에

발상의 전환이
산 중턱에 자리 잡고
걸음을 반겨준다

아담한 정원이 있는
소담한 가정집 분위기에
오리와 닭백숙이 아닌
피자와 스파게티와 팥빙수가
기대의 수치를 뛰어넘어
먹다 보다 휴식을 안겨주니

중년 부부가 어깨를 마주하고
행복을 앞세워 일구어 가는
누림의 향이 가득하구나

* 남해의 산 중턱에 자리한 피자피네.

시인의 국밥집

詩集 한 권이
현관 밖에 누워있다
한 권의 詩集에서 그 집을 본다

내일이 그려지지 않는
오늘의 환경에 매달려
詩 한 편으로 위로받는 집

돼지국밥 먹으러 온 손님이
벽 낙서 한 줄 글로
위로를 선물하고 가는 집

젖은 손 내밀며 쑥스러워하던
여인의 허름한 앞치마에
궁핍은 거머리처럼 붙어 있고
가난이 궁색한 얼굴로
식탁 네 개 위에 머무르지만
詩로 행복을 누리는 집

조○○ 시인의 돼지국밥집

그 맛

맛있게 보이도록 준비했지만
결과물을 보고 실망 가득입니다

많이 보았던 모습이고
자주 먹은 인스턴트 음식 같고
먹다 남겨 놓은 것 같고
주물러 터진 것 같기도 합니다

어찌 보면
몇 종류 음료로 선택을 강요하는
독과점 회사의 횡포 같기도 해서
눈도장 찍고 돌아서는
내 눈길이 아쉽기만 합니다

내 詩가 그런 것 같아 걱정입니다

서글픈 지갑

시장을 돌다가

딸기가 보이면
입 크게 벌리고 웃는
손녀의 모습이 떠오르고
족발 냄새의 유혹은
목울대를 끌어올리는데
손을 내밀어 잡으려다
가격표 보고 화들짝 놀라
거두어들이는 손 때문에
뒷주머니에 조용히 숨어 있는
지갑이 슬퍼하고 있다

늙은 호박

가뭄에
물도 제대로 못 먹고
경험 없는 주인 때문에
뼈대는 앙상하고
잎은 축 처져 있는데
그늘 밑에 숨어서
제 혼자 크고 늙었다
저 먹을 것 갖고 태어난다더니
생명 줄이 끈질기기도 하다

어머니의 음식

어머니의 음식은 언제나
양도 간도 눈대중으로
맛은 혀끝으로 결정하신다

양이 모자라거나
간이 약하다 느끼시면
눈대중 손대중으로
한소끔 첨가하신다

이 식당 저 식당의 음식을
정확하게 가늠하는 내 입에
어머니의 음식은
언제나 변함없는 맛이다

우중충한 오늘의 하늘
문득
어머니의 부추 부침개를
손으로 쭉 찢어 먹고 싶다

3부

돌아보니 삶

이제 우리 악수해요
그리고 이렇게 하기로 해요

나의 장점으로
그대 단점을 메워주고
그대의 장점은
나의 단점을 채워주는
톱니바퀴가 되기로 해요

-〈톱니바퀴처럼〉 3-4연

남은 세월을

노을 바라보며
붉고 곱게 물들어 가는
노을을 닮고 싶습니다

저 뜨거운 태양도
찬란한 열정의 시간을 보낸 후
산기슭에 신을 벗고 방에 들어가
잠자리에서 자신의 꿈을 꾸겠지요

나는 해의 등을 보며 생각합니다
댓돌에 내 인생의 신을 벗고
영면에 들기 전까지의 남은 세월을
무엇으로 붉게 물들이며
어떤 모습의 노을을 남길 것인지

나는 나의 주께 의탁하려 합니다
내게는 보이지 않는 길이지만
선하신 그분이 이끌어 오신 것처럼
이후의 길도

선한 길로 이끄시리라 확신하면서
한 걸음씩 내디뎌 보려 합니다

*2023년 박이제 작곡, 테너 명석한을 통해 가곡으로 발표됨.

물의 삶

물은
가까이 오는 것을
편견 없이 받아들이는
어리석음이 있습니다

물은
낮은 곳으로 향한 걸음을
삶의 습관으로 삼는
미련함이 있습니다

물은
환경에 적응하며
숙명으로 받아들이는
나약함이 있습니다

그럼에도 누구나
손가락질을 하지 않습니다

톱니바퀴처럼

많이 아프셨지요
나의 장점이
그대 단점을 찔러
깊은 상처를 남겼을 때

많이 아팠답니다
당신의 장점이
나의 단점을 찔러
깊은 흉터를 남겼을 때

이제 우리 악수해요
그리고 이렇게 하기로 해요

나의 장점으로
그대 단점을 메워주고
그대의 장점은
나의 단점을 채워주는
톱니바퀴가 되기로 해요

다행이다

참 다행이다
너와 다르기에
네게 줄 것이 있고
네게서 받을 것이 있어

참 다행이다
네게 알려줄 수 있고
네게서 배울 수 있어

참 다행이다
다르다는 이유로
논쟁도 가능하니까

산다는 것

제기차기를 잘 하니
자기편이 되라고 합니다
비석치기를 못하니
깍두기도 안 된다 합니다

윗집 아이와 친해지려고
사탕을 주고 난 후
친한 척 다가서려니
오지랖 떨지 말라 합니다

옆집 아이와 가까워지려고
힘을 보태 주곤 했는데
내가 도와 달라 했더니
지금은 안 된다고 합니다

마을 아이들의 놀이입니다

산길을 걸을 때

산길을 걸을 때
흙을
박차거나 짓밟지 말고
조용히 쓰다듬듯 걸으라
누군가의 익은 늙음이
자리 잡고 쉬는 곳이니

그대도
세월의 도가니에서
익어가는 동안
몸의 양분이 빠지고
그 자리를 주름이 차지하는데
늙고 늙어 주름의 수가 차면
어느 산을 채우는 흙이 되리니

산길을 걸을 때
흙을
조용히 쓰다듬듯 걸으라

의자

비가 사납게 내리는 날
아파트 주변 텃밭 고랑에
누군가 앉아 쉬었을
플라스틱 의자가 누워있다

누군가의
뻐근한 허리를 쉬게 하며
흐르는 땀을 식히게 하려고
시큼한 땀 냄새를 맡으며
견딘 세월이 있었겠지

나도 누군가를 쉬게 하기 위해
그의 땀 냄새 맡는 의자가 되고
그도 나를 쉬게 하기 위해
나의 땀 냄새를 맡는
의자가 될 수 있을까

우리 모두가
서로를 위해 쉼터가 되어주는
품앗이 세상을 만들어 간다면
플라스틱 의자라도 좋을 것이다

버림받은 낙엽

버림받는 이는 슬픕니다
추억이 아름다우면 더 슬픕니다
함께 살 맞대고
온갖 문제들을 겪어온 시간들이
가슴에 남아있을수록
버림받는 것은 슬프고 아픕니다

버리는 이는
다음 계절에 또 다른 이에게
같은 방식으로 살 맞대고 살면서
온갖 비바람을 견뎌 내겠지요
버린 이에게 했던 것처럼

그러나
버림받은 이는 멀리 가지 않습니다
다른 이와 새로운 행복 누릴 그에게
나를 잊지 말라 하지도 못하면서
한 줌 거름으로, 흙으로 돌아가
버린 이의 주변에 머무를 것입니다

버린 이를 사랑하기에

분재

참 독하다
옥에 가두고
온몸을 철사로 옥죄고
무릎을 꺾어
성장 판 제거하면서

그래도 죽지 마라
창가에 놓아 일광욕시키고
영양제로 수명 연장시키니
<u>스스로</u>
죽지 못해 연명하는 삶

그럼에도
자연이 좋다 말하는 심보
자연스럽다가
자연과 동의어는 아닌데
믿어도 될까

그늘

그늘 되고서야
당신의 그늘을 그립니다
뜨거운 햇볕을 가려주었고
억센 빗줄기도 막아 주었지요
그 그늘이 있어 내가 존재했고
그 그늘이 있어 내가 성장했지요

이제
내가 그늘로 그 자리에 서 있고
내 자식도 언젠가 그늘이 되어
그 자리에 서게 되겠지요
우리 모두가 그늘에서 자라고
우리 모두가 그늘 되는 존재이지요

벌써 이만큼

자르는 것들 중에
가장 날카로운 것
인정과 이해도
배려와 양보도 없으며
여유조차 주지 않는 것
무디어지지 않고
꺾이거나
휘어지지 않는 것
그 제품의 이름은 시간이다
벌써 이만큼
뚝 떼어가 버렸다

개미들의 아우성

텃밭 일구었지
괭이로 땅을 뒤집는데
여기가 *카트만두인 줄 아느냐
개미 몇 마리가 대거리를 하고
보따리 싸 든 것들은
지진 났다고 웅성거리는데

딸기 모종 심고 물을 주었더니
장마 났다고
이 동네 못 살 동네라는 측
고향 떠날 수 없다는 측
저들끼리 싸움질하네

손자는 꿈속에서
빨간 딸기 오물거리고 있는데

*카트만두: 네팔의 수도, 2015년 지진으로 피해를 본 지역.

무력감無力感

열정 곁에 앉은 게으름이
그의 가슴을 토닥거리며
자장가를 불러주니
꾸벅 졸던 열정은 잠들고

몇 줌 남아있던 의지는
게으름에게 손목 잡힌 채
일어서려는 용기를
슬며시 뒷주머니에 넣는데

게으름의 발밑 그늘에서
'지금'은 마냥 하품하고 있다

또

'또' 하는 순간
집행유예가 무너졌습니다
'또'의 뒤에 있던
후회가 밀물처럼 들어왔고
습관의 다른 이름이
'또'라고 깨달았을 때는
돌이킬 수 없게 된 상황입니다
'다시는'이라고
마음에 결심하지만
그것을 보는 '또'는 웃습니다
나는 대부분의 일상을
후회하는 '또' 위에 있었으나
이제부터라도
'다시는'을 앞세운
삶의 습관을 세워보려 합니다

밖에 갇히다

저 안에
내 사랑하는 것들과
내가 지켜야 할 것들이
나의 존재감과 함께 있기에
그것을 알차게 하기 위해
밖의 것들을 취득하려고
몸을 밖으로 내보냈는데
시간이 흐르고
세류에 이끌리며
은근히 물들어 버린 습관들과
관계없어도 될 것들에게
눈길 돌려 버린 그 세월이
안으로 들어가는 문을 잠가 놓았다

소중한 것은 안에 있으나
나는 밖에 갇혀 버리고 말았다

허약한 꿈

내 꿈이
영양실조라는 것은
절망을 만나고 알았습니다
꿈을 꾸고 있으면서
현실화시키지 못하는
그 모습을 보고서야
건강하게 관리 못한 내가
못났다는 것을 알았습니다
절망이 꿈의 등에
비릿한 웃음을 얹고 있으나
나는 꿈에게
용기조차 주지 못했고
꿈은
그렇게 내 곁을 떠났습니다

나침판

적지 않은 사람들은
표정 하나 바꾸지 않으며
자신 있고 당당하게 말하지
자신의 양심 나침판은
언제나 변함없이
남과 북을 향하고 있다고

그러나
나침판 북쪽 방향 머리 위에
욕심 덩어리 하나를
드러나지 않게 숨겨 놓고
뻔뻔스러운 얼굴로
당당하게 말하고 있을 뿐이지

오천 원의 행복

그는 오천 원이면
삼백육십사 일이 행복하다
오천 원으로
온갖 무지개 꿈을 꾸며
모든 것을 실행하고
어디로든 다녀오곤 한다

삼백육십사 일 되는 날
당첨 번호를 확인하지만
이미 그 결과는 알고 있기에
그는 삼백육십오 일 되는 날
다시 오천 원을 투자하고
삼백육십사 일 동안
온갖 무지개 꿈을 꾼다

그가 행복해하는 방식이다

세월 먹는 안개

안개는 내 뒤를 쫓으며
내 삶의 흔적과 추억을 덮고
앞길을 흐리게 하여
조급증을 일으키게 하므로
안개가 더 짙어지기 전에
확실한 흔적을 남기고 싶어
속도를 내며 애를 쓰는데
곳곳에 늙음이라는
속도위반 단속 카메라들이
내 걸음을 주춤거리게 하며
다가오는 게으름과 무력감

안개는 더 짙어지고 있다

껄

그때 그랬을 껄 하며
생을 보낸 사람 있습니다
껄은 그에게 술을 권했고
용기와 희망을
술값으로 받아 갔습니다

해보자와 하면 된다는 신념은
그에게 안녕이라 말했고
일어서라는 응원가는
더 이상
그에게 들리지 않았습니다

그는 숨을 멈출 때에도
꺼얼 하다가 꺽 했습니다
그의 제단 앞에는
술 한 잔이
아쉬움을 마시고 있습니다

고물상

시내를 벗어나며
나는 잡다한 고물들이
산처럼 쌓여 있는 고물상을 본다
쓸 만큼 쓴 것들
더 쓰고 싶지만 고장 난 것들
시대를 쫓아가지 못한 것들이
초라한 모습으로 엉켜 있다

시내로 들어오며
다시 그 고물상을 보는데
구석에 후줄근한 모습으로
재활용을 기다리는 내가 보인다
어느 쪽일까
다 쓴 것인지 고장 난 것인지
어쩌면 시대를 쫓지 못한
나의 고집과 습관들인지

숙제 하나가 등에 척 달라붙는다

낙엽의 유언

새순 시절부터
어여삐 여겨 곁에 두시기에
청춘을 다 드려 함께했는데
나이 들어
갈색 되어버린 모습은
그리도 싫으셨나 봅니다

나 버린 후
폭설 내리고 한풍 불면
어찌하시려는지
차마
미운 정도 정이기에
정은 당신 곁에 두고
미움은 가지고 가렵니다

날고 싶은 시간

시간은 세월을 등에 업고
바람의 길을 따라 걷는데
찰나는 바람의 길동무 되어
흐르듯 시간의 길을 인도한다

물처럼 흐르는 시간은
언제나 찰나일 뿐
쉼표조차 허락하지 않으면서
삶을 구속한 후
꿈은 이루어진다며
포기하지 말라 하는데
누군들 꿈이 없으랴
아직 버리지 못한 꿈 때문에
시간 쫓아가는 존재인 것을

패배

적지 않은 세월
내가
아등바등 애쓰고
허겁지겁 거리면서
단 한 번
이기지 못한 것
결국이라는 낱말이다

맞춤

과하거나
부족하지 않은 것입니다
버릴 것도
더할 것도 없는 것입니다
헐렁이거나
조이지 않는 것입니다
고프거나
부르지도 않으며
적당이라는 말과 함께
가장
소중하게 곁에 있는 것입니다

시간이 길이를 재어주고
경험이 형틀을 세워주며
환경이 덧씌워 주는 그것
신께서 주신 최고의 선물
있는 것으로 즐거워하며
자족하는 마음입니다

4부

걸어 보니 길

이미 오고 가는 것을 알며
추억과 계획이 자리 잡지만
달력을 넘길 때마다
너나없이 하는 말은
벌써 하며 놀라는 말입니다

-〈벌써〉 3연

여행이란

골목 바람이 서걱거릴 때
빈 들 바람 만나러 가는 것

콧등 치고 스치는 바람에게
짧은 입맞춤을 건네는 것

바람에 흔들리는 풀잎 보면서
그 시절 인연을 기억하는 것

바람의 넓은 등에
아쉬움 얹어 보내는 것

또 다른 바람 만나려고
작은 가방 매고 길을 나서는 것

파독 전시관

힘없는 나라의 가난한 백성

부강을 바라는 국가와
찌든 가난 벗어나고 싶은
의견이 일치되어
달러벌이에 나선 그들

된장 고추장이 그립고
김치 깍두기가 아른거리며
논두렁 밭두렁이 눈에 선하고
부모 자식이 꿈에 보였을 텐데

어찌 견뎠을까
'지하 천 미터 아래에 있어도
 끝나지 않을 어둠은 없다.'
그들이 몸으로 깨달은 이 글귀가
가슴을 먹먹하게 만들고 있다

*남해 독일마을 파독 전시관에 가면 "지하 천 미터에서 깨달았다. 끝나지 않는 어둠은 없다는 것을."이라는 글귀를 만날 수 있다.

5.18 민주묘역에서

내 걸음이 왜 여기 머물렀을까
1962년생 18세 소녀가 쉬는 곳

2024년 생존했다면 63세의 나이
남편과 자식과 손주가 있고
벗들과 금남로의 찻집에서
무등산의 백숙집에서
영산강 산책길에서
여유로움을 누리고 있을 나이

소녀는
죽음을 맞이하면서
부모 앞서가는 불효를 생각하고
학교와 친구들을 그렸을까
죽음이 주는 두려움 속에서
그 가슴의 진동이 얼마나 컸을까

그가 쉬는 곳 주변은 아름다운데
아름다움이 아픔으로 곁에 있는 곳
내 걸음이 왜 움직이려 하지 않을까

어달리에서

어달리 좁은 항구

파도 넘실대는 방파제 위에
완공되지 못한 등대 닮은
미완성 인생 셋이 앉아서
새로 짓는 회 센터 벽에 붙은
비린내 한 줌 뜯어 안주 삼아
세월 탓하고
바람처럼 다가오는 늙음을
파도의 길로 쫓아 보내는데

씁쓸한 대화를 듣는 빈 소주병이
드센 바람 핑계로 울고 있다

*어달리: 강원도 동해시 묵호항 위에 있는 작은 항구 마을.

천안역에서

기차 기다리는 한 시간
주변을 어슬렁거리며
시간 땜질하는데
눌려 있던 허기가 고개를 들어
김밥천국을 바라본다

주머니 속의 오천 원짜리가
꼼지락거리는데
제 몸 팔아 주인에게
국수라도 대접하려는 것인지
제발 자신을
음식과 바꾸지 말라는 것인지

마음은 집 밥으로 향하고
눈길은 천국 메뉴판을 더듬는데
'갈등하는 동안'이 해결해 준다
열차 도착 오 분 전

빈집

월하리에는
사람에게 버림받고
세월에게 학대받은
흉측한 몰골의 빈집이 있다

호시탐탐 노리는
들고양이의 눈길 피하는
쥐들의 은밀한 은신처이며
들풀의 종족 번성을 위한 거점
바람도 쉬어가기를 거부하는
뼈대만 앙상한 그 집

사람의 온기인 양식이 없고
사람의 정인 영양제가 없어
굶주림이 죽여 버린 그 집

*이 시를 쓴 얼마 후 철거되었다.

천사대교

하늘의 천사가
천사 개의 섬으로
너른 바다에 자리하고 있음을
첫 고개에서 알았습니다

신안의 섬이
아름다운 천사와 동명인 것을
두 번째 고개에서 알았습니다

천사를 보지 못했어도
천사의 마음이 어떠한지를
바다를 가로지르는
다리를 건너며 생각했습니다

천사 개의 섬은
천사의 솜씨일 것입니다

조치원역

새벽 두 시 반
조합되지 않는 어휘를
서재에 놓아두고
베란다에서 바라보는
조치원역

철로는, 종일 받아낸
젊은이의 드센 발자국과
캐리어의 둔탁한 굴림과
노인의 무거운 한숨을
새벽이 오기 전 묻어두어야
내일의 하루를 받아 낼 텐데
짧은 휴식의 시간에, 철로는
그 모든 것들을 덮을 수 있을까

새벽 세 시
어두움이 조용히 손을 들어
철로를 토닥토닥거리니
바람은 안개를 불러, 역사를
포근하게 덮어주고 있다

폐업

임대, 권리금 없음
누가 복사해서
건물 곳곳에 붙이는가 보다

빈 건물 속은
안개 같은 한숨이 서려 있다

자장면 집 사장은
외식비 아끼려 한식 포기하고
갈비탕 집 사장은
즐기던 횟집 외식을 포기한다

식당 망하는 것 못 보았고
먹는장사로 굶지 않으며
할 것 없으면 식당 한다는 말
이제는 옛말이 되어버렸다

머슴들

떡판 옮길 일꾼이 필요했지
저마다 열심히 하겠다 했지만
그중 몇을 뽑으면서
쟁기 끄는 소에게
멍에 씌우는 것은 아니라는
어른들의 말씀이 생각나서
떡고물 정도야 먹겠거니 했지

어떤 녀석은
눈치껏 한두 개 감추건만
어떤 녀석은
떡 판 채 빼돌리고 있으니
떡이 남아날 것 같지 않아
다른 일꾼을 찾아보지만
그놈이 그놈일 뿐인데
그렇다고 안 시킬 수도 없고
최선이 아니면 차선이라지만
믿을 머슴 한 놈 없는 세상이다

거미에게

휴양지의 새벽 산책길
어제 보지 못했던
거미줄 한 가닥이
길을 가로막고 있다

외부 생명의 출입 금지인가
혹은 사람만 통행금지인가
저 흔들리는 한 가닥 선으로
영역을 표시해 놓기 위하여
밤새도록 얼마나 애를 썼을까
어떻게 여기서 저기까지

거미의 수고에 미치지 못하는
내 게으른 문학의 열정
조심스레 고개 숙여 지나면서
그 수고에 박수를 보내준다

거미의 집

진액 내 뿜어
허름한 집 한 채
허공에 매어 놓고
기다림과 놀이를 하네
스치는 바람과
톡 떨어지는 이슬은
스스로 지나갈 수 있게 하고
기약 없는
단 한 번의 만남을 위해
씨줄 날줄 정성껏 엮어 놓은
거미의 허름한 집

녹슨 배려

세월의 흔적이 가득한
지팡이 하나 전철에 오르자
긴장한 예절이 숨을 멈추고
양보는 손 전화에 매달리며
눈꺼풀은 제풀에 늘어지는데
장소와 환경을 비꼬듯
곳곳에 세력을 확장하고 있는
저 녹슨 것들에게서
어머니는 세대 탓을 하셨을까

비 오는 날

쏟아지는 비를 피해
건물 안에 들어서서
손바닥 내밀어 비를 받는데
고향 집이 눈에 아른거린다

처마 밑에 둘러앉아
공기놀이하는 여자아이들과
딱지로 홀짝하는 남자아이들
머리와 어깨는 비를 피하지만
등짝은 비에 젖어 가는데
숙제는 언제 하려는지

창문 틈으로 새어 나오는
어른들의 소란스러운 농담들
비를 털며 횃대로 오르는 닭과
멀뚱하게 비를 바라보며
되새김을 하는 황소의 큰 눈
논 물길을 살피고 돌아오는
물에 젖은 장화의 버벅거림

처마 밑이 그리워지는 날이다

부모

정리해야 할 겨울이
거실과 서재에 서성이던 날

아비는 봄을 짊어지고 들로 나가
자신의 허리 진액 뽑아 일구면서
상머리에 둘러앉는 자식들 덕에
늙은 아랫목에 앉아
진한 육수 먹으리라 꿈꾸셨고

어미는 부엌에서 숭늉 배를 채우며
볼록한 자식 배에 만족하고
뼈마디로 키워낸 자식 덕분에
늙은 아랫목에 앉아
푹 우려낸 육수를 바라셨겠지만

자식은 그 자식에게 그러할 뿐이니
씨는 속일 수 없고 속지도 않는
대물림되는 부모의 삶이다

소금꽃

아버지 넓은 등에 소금꽃이 피었구나
가난한 살림살이 헤어날 길 아득하고
죽순처럼 자라나는 자식들을 생각하며
새벽부터 밭 일구어 씨 뿌리며 거름 주네

막걸리 한 잔으로 피곤을 덜어내고
뒷마당 우물가에 엎드리신 아버지
아버지 넓은 등에 피어난 소금꽃은
낮에 피고 밤에 지는 하루살이 소금꽃

낮에 피고 밤에 지는 하루살이 소금꽃

*이 시는 2023년 민하은 작곡, 바리톤 오동국에 의하여 가곡으로 발표되었다.

벌써

세월이라는 것이
인생이라는 것이
살아왔다는 것이
벌써입니다

각자의 여행 거리가
얼마나 되는 것인지
무엇을 먹고 보았는지
글로 사진으로 기억으로
그렇게 남겨두고 있지만
누구나 일치하게 하는 말
벌써라는 말입니다

이미 오고 가는 것을 알며
추억과 계획이 자리 잡지만
달력을 넘길 때마다
너나없이 하는 말은
벌써 하며 놀라는 말입니다

감천문화마을

고향으로 돌아갈 꿈들이
교동과 아바이 마을에 있던데
여기 감천 마을에도
그들의 터가 자리 잡고 있다

가파른 언덕의 판잣집에서
어찌 살아냈는지
가늠조차 불가한 공간에서
그들은 생명 줄을 붙잡고
하루하루를 살아냈겠지

한숨을 술 한 잔에 담고
귀향의 꿈은
아미산 마루에 세워 놓으며
후손들을 위해
끈질긴 삶을 이어갔겠지

전쟁으로부터 멀리 떨어진
감천문화마을
아픔이 흔적으로 남아 있다

시계

똑 딱 똑 딱 똑 딱
여유롭게 느긋하게
하나 둘 천천히
미래는 머릿속에 있다

착각 착각 착각
생각대로 해 보는 거지
실패도 재산 되어주고
기회는 또 있을 테니

째깍 째깍 째깍
계산기가 고장 났는지
마음은 급한데
돌아보니 후회가 많은 것을

촉각촉각촉각촉각
서둘러도 뒤처지고
결과 없이 숨만 차니
남은 시간이 얼마나 될까

시간의 노예

시침에 붙어 있는 계획안
초침에 매어 있는 일상 때문에
똑딱거릴 때 긴장하고
뎅뎅거릴 때 헐떡여야 한다

파란불에
백 미터 달리기하는 것과
빨간 불 깜박거리면
허우적대며 손 흔드는 것도
째깍 소리가 채근하기 때문이며
전철 들어오는 소리에
계단 통통 오르내리는 것도
삶을 지휘하는 시간에게
조종 받는 존재이기 때문이다

때

시간은 바람과 함께하고
시간의 주머니에는
때가 들어있는데
내가 무엇을 하고
무엇을 이루고자 해도
바람이 시간과 손잡고
내 곁을 스쳐 지나갈 때
시간이 주머니를 열어
그때를
내게 주어야 하건만
아직도 나는
소망이라는 그늘 밑에서
헐렁한 소맷자락처럼
허전함에 매여 있다

여름 바다 풍경

바람이
바다를 쓰다듬으니
부드러운 바람의 유혹에
마음 빼앗긴 바다는
바람과의 열애를 기대하며
어깨춤을 추기 시작하는데
바람과 바다가 함께 어울려
얼씨구 어깨춤을 추는 동안
바다를 보며
구명조끼 들고 서 있는
아이들의 얼굴에 심통이 일고
젊은 부부의 얼굴도
아이들 얼굴 닮아가고 있다

폭염暴炎

햇볕이
자신의 능력을 드러내는
그 어느 해 여름
아버지는 쟁기로 밭을 갈지만
쟁기는
아버지의 이마에 고랑을 내고
어머니는 호미로 풀을 매지만
호미는
어머니의 손등을 긁어버리니
두 분의 땀이 비처럼 흘러
밭을 적셔 주고 있지만
밭은 더욱 목말라 허덕이고
부모님의 한숨은
수증기 되어 하늘로 올랐다

균형均衡

文紙房 들어선 세월이
어깨의 계급장 같고
가슴에 달린 훈장같이 되어
은근하게 드러내고 싶어 한다

文壇力에 취한 다는 것은
어깨에 추를 다는 것 같아서
글에게 체면의 옷을 입히고
文狀에게 화장품을 선물한다

文紙房 들어선 세월이 어떠하든
文壇力과 文狀力은 분명 다른 것
방종이 아니라면 자유로움으로
文狀力과 文壇力의 사이에
접시저울 하나 놓아야 할 것이다